Anisa Mulolli
DORNRÖSCHEN, WACH AUF!

AF218811

ANISA MULOLLI

DORNRÖSCHEN, WACH AUF!

Hamburg

2022

Autorin: Anisa MULOLLI
Titel: „DORNRÖSCHEN, WACH AUF!"
Lektor & Redakteur: Frank HEGEMANN
Coverkonzeption: Rrezart LUBONJA
Umschlag: „ BoD" Hamburg
Verlag Haus: „ BoD" Hamburg

Limitierte Auflage

© 2023 Anisa Mulolli

Herstellung und Verlag: BoD - Books on Demand,
Norderstedt
ISBN: 978-3-7568-5186-7

ANISA MULOLLI

Inhaltsverzeichnis

Vorwort

Frank HEGEMANN

Einige „Worte" von Deinem Deutschlehrer zu Deinem Gedichtband, Anisa!

43 Gedichte, die- wie Du mir sagtest- in chronologischer Reihenfolge nach ihrer Entstehung von Dir angeordnet wurden. Du hast wohl in den letzten Jahren- also über einen längeren Zeitraum - immer wieder eines der Gedichte aufgeschrieben bzw. an ihnen „gearbeitet" (Dichten ist tatsächlich oft andauerndes Arbeiten). Die phasenweise Beschäftigung mit Gedichten im gymnasialen Unterricht- natürlich eher analytisch- hat Dich dabei vielleicht auch etwas inspiriert. Insgesamt merkt man vielen Deiner Gedichte (deinem lyrischen Ich und der Art zu dichten) an, dass sie von Deiner persönlichen Entwicklung als Jugendliche geprägt sind: Selbstfindung, die Rolle Deiner jeweiligen Umgebung, gesellschaftliche Einflüsse und wohl auch die eher düstere Zeit während der uns alle betreffenden Corona- Pandemie haben viele Deiner Gedichte zumindest beeinflusst. Mal düster, mal heller , manchmal spielerisch bildhaft , z.B. mit bekannten Motiven wie „ Dornröschen" oder dem „Theater" als solchen, entsteht insgesamt ein sehr lesenswertes Tabelar von Gedichten.

Ich habe das Lesen Deiner Gedichte- immer mal wieder das ein oder andere an den letzten Tagen- sehr genossen und kann mir vorstellen, dass so mancher Jugendlicher oder auch Erwachsener Deine vielen „ kleinen" Werke gern lesen würde. Meine persönlichen „Topfavoriten" sind „Happy Ends", „Königin meiner selbst" und „ Dornröschen, wach auf!"

Und wer weiß, vielleicht klappt es ja mit Deiner angehenden Veröffentlichung. Ich wünsche Dir dabei viel Erfolg, Anisa!

Dein Deutschlehrer, Frank Hegemann

P.S:...wie manche sagen, „In einem Gedicht die ganze Welt".

Ich durch die Stadt   21. 12. 2019

Ich- durch die Stadt
Du- im Restaurant satt
Sie- fröhlich im Park
Er- traurig am Sarg
Spieler- auf dem Feld
Träumer- in ihrer Welt
Betrüger- an der Tat
Freunde- geben Rat

Kriege liegen am Anfang
Der Frieden liegt am Ende
Menschenstimmen nie im Einklang
Nur das Schicksal führt zur Wende

Warmherzige haben es so schwer
Lügner haben es so leicht
Alle Blicke werden leer
Dein Gesicht, vor Tränen durchgeweicht

Eigene Fehler sehen wir nicht
Fehler anderer bringen wir ans Licht
Ganz einfach, weil wir schlimme Menschen sind
Dunkles Blut, was in uns fließt wie ein Wind

Die schöne Welt ist zerstört
Kein Mensch, der noch auf die Wahrheit hört
Schön hat man´s nur als Kind
Weil wir alle danach nur Verräter sind

Theater im Theater   23. 12. 2019

Das Publikum tritt ein
Sucht sich seine Plätze
Da ist der eine doch viel zu klein
Sieht auf der Bühne nicht die Schätze
Der Vorhang geht auf
Was haben die Künstler heute wohl drauf?
Die Szene fängt an
Jeder zeigt jetzt, was er kann
Eine leere Bühne, die der Schauspieler füllt
Ein Held, der sich als Bösewicht enthüllt
Das neugierige Publikum wirkt berührt
Und die Hauptfigur, die das ganze Stück führt
Keiner weiß, was als nächstes passiert
Musik, die spielt, unter den Füßen vibriert
Auf der Bühne herrschen Sätze und Lieder
Das Publikum fühlt mit als wären sie des Stückes
Mitglieder
Das Licht geht mal an, mal aus
Was passiert gleich?
Die Spannung hält kaum einer aus
Da fängt ein Clown an zu weinen, alle Herzen werden
weich
Doch müssen sie´s vergessen,
denn gleich müssen sie nach Haus
Der Vorhang fällt, Zuschauer applaudieren
Machen Schauspieler zu Königen,
die über Bühnen regieren
Viele Handgelenke tun schon weh...
Trotzdem denkt man: „Kanns kaum erwarten, bis ich das
nächste Stück seh!"

Gemeinsam   30. 12. 2019

Egal ob gut oder schlecht
Egal ob man stärkt oder schwächt
Egal ob Gitarre oder Klavier
Besonders sind wir alle hier
Egal ob Streit oder Frieden
Egal ob Verlieren oder Siegen
Wir bewahren den Zusammenhalt
Sodass er mit Farben auf uns knallt
Egal ob schweigen oder reden
Egal ob Musik oder Sport
Wir treffen uns wieder an dem Ort
Dort haben wir mal Pech, mal Segen
Wir hören auf den Wind
Der zwischen uns weht
Weil wir gemeinsam sind
Einheit die nie vergeht
Eine Seele, die in uns allen lebt,
Adrenalin, was in uns allen bebt
Eine Geschichte von uns allen
Gleiche Worte, die in uns hallen
Gemeinsam schreiben wir Legende
Gemeinsam machen wir eine Wende
Gemeinsam gehen wir bis ans Ende

Typisches Weihnachten   30. 12. 2019

So viele glückliche Gesichter
In der Dunkelheit strahlen die vielen Lichter
Viele leckere Düfte liegen in der Luft
Aber vor allem schwebt hervor, der Weihnachtsduft
Der Schnee rieselt herrunter
Und macht uns alle munter
Mit vielen Leckereien in der Hand
Und dem Weihnachtskranz an der Wand
In der Luft erklingt von Kindern das Gelächter
Die schauen aus dem Fenster wie des Himmels
Wächter
Halten Ausschau nach dem Weihnachtsmann
Weil doch jedes Kind auf ihn hoffen kann
Der Tannenbaum, der wird geschmückt
Ein jedes Herz wird verzückt
Es versammeln sich Familie und Freunde
Machen sich mit Geschenken eine Freude
Es läuten die Glocken
Es wehen die Winde, die doch sehr verlocken
Es ist die Zeit, in der herrscht doch nur Frieden
Denn es sind Glücksgefühle, die an Weihnachten
siegen

Sie sind nur Lügner   04. 01. 2020

Ein Herz aus Stein
Ein lachender Blick
Machen sich groß, sind aber klein
Jede Geste ist ein Trick
Wie Schauspieler spielen sie
Ihre Opfer erkennen es nie
 Sind wie Menschen mit hundert Gesichtern
Ihre Lügen gehen auf, wie alle von den Lichtern
Ihre Worte, die nur beißen
Sie selbst, um sich herum kreisend
Denn Lügner und Lügner sind immer zusammen
Wissen nicht, dass sie sich selbst damit verdammen
Ihre Worte nicht real
Sie selber aber schon
Ihr täuschendes Gesicht, ideal
Ihre Feigheit nicht im Ton
Lügen, als hätten sie Angst vor der Wahrheit
Verschütten ihre Worte, verschwemmen die Klarheit
Am Ende verlieren sie gegen ihre eigenen Lügen
Trotzdem werden sie nie merken, wen sie eigentlich
betrügen
Machen das Leben nur unnötig schwer
Geben von sich selbst garnichts her
Schon bei den ersten Worten werden sie mit Lügen starten
Von einem Lügner kannst du einfach keine Wahrheit
erwarten

Die Nacht

12. 01. 2020

Die Sonne geht unter
Die Nacht bricht ein
Sieht aus wie ein dunkles Wunder
Und glüht wie ein Sonnenschein
Der Mond, der über uns wacht
Verhindert, dass ein böser Traum uns ins Auge lacht
Im Himmel strahlen die vielen Sterne
Funkeln mich an, als sprächen sie zu mir gerne
Es weht ein leichter Wind
Es schläft jetzt jedes Kind
Alles steht still
Als ob nichts sich noch bewegen will

Müdigkeit erreicht uns mit ihrer Geschwindigkeit
Ein schwarzer Himmel, der dem ganzen etwas
Düsteres verleiht
Nur noch Sterne, die funkeln
Und überleben können im Dunkeln
Eine Seelenruhe, nur Gedanken erklingen
Erinnerungen des Tages und Müdigkeit, die
miteinander ringen
Nur dein Herz, was schlägt und die Ruhe bricht
Und der Schlaf, der dir nach und nach ins Auge sticht
Es ist ein sanftes, schönes Spiel was die Nacht mit uns
treibt
Ein schöner Satz, den der Mond in unsere Herzen
schreibt

Wie ist die Nacht so schön und andächtig?
Ihre Dunkelheit wirkt so mächtig
Doch niemand kennt die Geheimnisse der Nacht
Und genau dies verleiht ihr... so große Pracht

Weil Mädchen so sind　　　02. 02. 2020

Hab viel zu tun, trotzdem Zeit zum Träumen
Ich bin zwar tolpatschig, aber ich werde nichts versäumen
Ich bin pünktlich, auch wenn ich spät dran bin
Un was ich sage, ergibt nicht immer Sinn
Ich bin faul und trotzdem motiviert
Hellwach, aber dennoch irritiert
Ich bin schlau, dumm gleichzeitig
Normal und etwas eigenartig
Habe viele Träume, in denen ich vertraue
Es gibt vieles, was ich erreichen will
Ich habe Erfolg, auch wenn ich es versaue
Bin etwas vorlaut, aber still
Wenn ich runter falle, kann ich wieder aufstehen
Wenn ich die Richtung verliere, kann ich dennoch auf rechtem Weg gehen
Wenn ich mal Angst hab, finde ich trotzdem meinen Mut
Kämpfe tapfer weiter, wie es ein Ritter in Schwierigkeiten tut
Ich bin erwachsen, verhalte mich wie ein Kind
Weiß ich bin besonders, deshalb vergleiche ich mich nicht
Ich bin aufgetakelt, aufgeregt, aber dennoch schlicht
Schon seltsam, wie viele Sachen ich bin
Aber vielleicht bin ich ja so viel...weil Mädchen so sind

Diese Welt 07. 04. 2020

Ich bin nur ein kleines Mädchen, was auf der Straße steht
Vor meinen Füßen liegt eine komplette Welt
Bin nur ein Mädchen, was nicht weiß, wohin es geht
Ich weiß nur, dass diese Welt dich manchmal auf die Probe
stellt
Da hinten steht jemand so wie ich
Wonach wir suchen, wissen wir beide nicht
Aber Fremder! Sag mir: Was hast du bis jetzt gesehn?
Und zeig mir, wo alle andern Menschen hingehen
Sag mir: Was für einen Unterschied haben Tag und Nacht?
Und nach was hast du dich auf die Suche gemacht?
Lass uns auf den Straßen suchen, nach dem Leben
Lass uns zusammen nach Antworten streben
So anders sehen die Straßen aus, wenn Menschen auf ihnen
sind
Manche sind wütend, andere lachen wie ein Kind
Manchen sieht man das falsche Lachen in den Augen,
andere lachen ehrlich
Manche sind lieb und andere gefährlich
Man wird immer neue Menschen und neue Taten sehen
Doch der Weg muss und wird weiter gehen
Du Fremder! Ich habgesehn wie besonders diese Welt ist!
Jeder Mensch hat eine Ähnlichkeit und einen Unterschied
Jeder von ihnen hat einen Traum, den er verwirklichen will
Jeder von ihnen hat eine Geschichte, jemanden, den er
vermisst
Zusammen mit der Welt stehen wir niemals still
Ich weiß jetzt, dass es wie diese Welt, kein zweites Mal gibt

Wenn Menschen weinen   03. 05. 2020

Da ist ein Mensch, so allein
Er sieht nicht groß aus, er fühlt sich klein
Ihm ist egal, was andere von ihm denken
Denn er will nicht wissen, was für Blicke sie ihm schenken
Dieser Mensch weint, er wurde verletzt
Hat verloren, worauf er seine Hoffnung setzt
Währenddessen lacht die Person, die daran Schuld trägt
Weiß nicht, dass das Karma auch für sie Pläne hegt
Wenn der Mensch weint, dann liebt er nicht und er hasst
nicht
Denn gerade ist er aus dem Gleichgewicht
Menschen haben mit ihm gespielt, doch das Spiel hat
gerade begonnen
Sobald er mit Weinen fertig ist, kommt er stärker zurück
und ist besonnen
Im Moment weint er Worte, die er nicht sagen kann
Aber Menschen brauchen keine Worte, um zu reden
Sie wissen, dass ihr Lachen zurück kommen wird,
irgendwann
Denn Wellen aus Tränen erreichen jeden
Glaubst du, Weinen ist eine Schwäche, sieh dir selber ins
Gesicht
Und frag dich, wie stark du wirklich bist
Menschen sind nicht schwach, weil sie weinen
Tränen sind wenigstens ehrlich, auch wenn sie schmerzen
Sei dir eines sicher: Wenn Menschen weinen, strahlen ihre
Herzen

Geben sie dir Worte?   07. 06. 2020

Du biegst um die Ecke und hörst sie reden
Siehst sie an, weißt, sie werden dir nichts Gutes geben
Du interessierst sie nicht, dein Leben aber schon
Lästern deine Haut ab, als bekämen sie dafür den größten
Lohn
Kommt eine Info aus einem Mund, hört es die ganze Stadt
Worte werden verändert und schnell verbreitet
Sich selbst dann zu hassen, weil man nicht anders sein
kann
Und sich fragen: Würden sie aufhören, wenn sie wüssten,
wie sehr man drunter leidet?
Aber sie sind nicht wichtig und ihre Meinung auch nicht
Die Wahrheit existiert auch ohne ihren Glauben
Lauf einfach an ihnen vorbei, du musst dem Weg vertrauen
Deine Aufmerksamkeit ist ihre Waffe, gib ihren Worten
kein Gewicht
Liebe das Leben und jedes noch so kleine Abenteuer
Der Weg ist vielleicht bestimmt, doch du sitzt am Steuer
Sie versuchen vielleicht mit dir zu spielen
Aber auch sie können verlieren
Geben sie dir Worte? – Gib ihnen ein Ohr
Stille ist der beste Kampf, dein Lächeln: Die beste Waffe
Öffne ihnen die Arme wie ein Willkommens- Tor
Es reicht, wenn du erfolgreich bist, du brauchst keine
Rache
Geben sie dir Worte?- Gib ihnen ein Ohr
„Liebe deine Feinde"- Sie machen das Leben so interessant
Hassen sie dich?- Weißt du, sie haben im Spiel schon
verlorn
Doch liebe deine Wunden, sie haben dich so weit gebracht

Die neue Generation   09. 06. 2020

Als würde die Welt von vorne anfangen
Und wir würden am Start stehen
Wenn die Zeit gekommen ist, sollte man es wagen
Und wenn sich die Wahrheit versteckt, müssen wir sie sehen
Kein Ort, den wir nicht erreichen
Kein Schicksal was wir nicht heraufbeschwören
Wir werden nicht vor Problemen weichen
Unsere Worte sollte jeder hören
Wenn die Sonnenstrahlen uns küssen
Und die Sterne unsere Wünsche erfüllen
Blühen wir auf, tun was wir tun müssen
Versuchen die Welt mit unserer Magie einzuhüllen
Wir haben die Zukunft in der Hand
Wir werden sie verändern- mit Herz und mit Verstand
Sind noch jung, haben viel zu lernen
Doch ich sehe es kommen, wir werden besonders werden
Sollte die Angst uns zurückhalten
Wir haben noch eine Stimme
Werden sie nutzen, die Angst klein falten
Haben wir viel zu tun, gönnen wir uns keine Stille
Wir sind die neuen Helden- die neue Jugend
So voller Schätze und voller Tugend
Wir sind in der Lage für die größte Revolution
Wir sind das, worauf die Welt wartet- die neue Generation

Blockade　　　　　　　　　　　29. 12. 2020

Es ist schon Nacht
Der Tag ist vorbei
Hab´ die Zeit nur nutzlos verbracht
Das Gehirn fühlt sich an als wäre es Blei
Es gibt nichts, was mir Gefühle gibt
Nur Monotonie, die alles verschlingt
Hab das Leben schon lange nicht mehr gesehn
Fühlt sich an, als würde die Welt im Stillstand stehen
Ich denke nach, doch mein Kopf bleibt leer
Wie die Welt vorher aussah, weiß ich nicht mehr
Gefühle und Spaß, sogar die Inspiration ist weg
Liegt vielleicht daran, dass die ganze Welt in Quarantäne
steckt
Die Welt voller Farben, doch ich seh nur grau
Gedanken und Laune stehen im Stau
Ich merke, gäbe es nichts Schlechtes, würden wir Gutes
nicht kennen
Gäbe es nicht Tränen, würden wir es nicht Lachen nennen
Ich kann nur sagen, die Welt hofft auf eine Wende
Ein Leben, was wir leben können, das brauchen wir
Und es tut mir leid für das abrupte Ende
Aber da mir nichts mehr einfällt, endet das Gedicht schon
hier

Happy Ends   16. 02. 2021

Dieses Gefühl, wenn du ohne Ziele rumläufst
Findest das Meer schön, auch wenn du darin ertrinkst
Liegst auf dem Bett, weißt, dass du deine Zeit versäumst
Dieses Gefühl, wenn du die Einsamkeit als Mensch bist
Der Gewinn ist weg, auf dem Tisch liegen deine Karten
Hast das Warten ausgewartet, also kannst du nicht warten
Anzuhalten bringt nichts, also hörst du nicht auf zu rennen
Willst deinen Beinen nicht die Gelegenheit geben zu
brennen
Wenn dich die nähesten Dinge verletzten können,
Auf was was sollten wir dann unsere Basis bauen?
Wenn die Sonne scheint, doch über deinem Himmel
Wolken sind
Wie können wir dem Licht hinter der Dunkelheit
vertrauen?
Ertrinke ich einmal in diesem Meer, gibt es kein Zurück
Also fang ich an zu hoffen und rufe das Glück
Es antwortet mir, ich merke, Stille ist nicht immer eine
Antwort
Der Glaube an das Gute, dass fehlt diesem Ort
Doch nicht zu hoffen, ist das schlimmste überhaupt
Also träum´ich, mache mir die Zukunft so vertraut
Ich träume so lange, bis ich wieder aufstehe
Merke mir alles gute, was ich sehe
Bis das ganze hier vorbei ist
Bis sogar der Schlimmste das Schlimmste vergisst
Und ich werde es immer glauben, egal wie naiv du mich
nennst
Denn am Ende beweise ich, was ich immer gewusste
habe...   Es gibt Happy Ends

Sinn   26. 02. 2021

Du würdest gerne bleiben, aber du musst gehen
Es hat seinen Grund, aber du kennst ihn nicht
Dieses Gefühl als müsstest du mitten auf dem Weg umdrehen
So schön und schmerzhaft, als wenn man mit dem Finger an Dornen sticht
Du würdest gerne wach bleiben, aber schlafen ist besser
Trittst aus dem Panzer hervor, lässt fallen dein Schutzmesser
Würdest gerne weinen und schreien, bist aber zu glücklich
Weißt nicht, was als nächstes kommt, aber du weißt, es ist richtig
Etwas zieht dich an, aber es liegt in der anderen Richtung
Du kannst dir nicht vorstellen, was es ist
Denn du willst da bleiben, wo du bist
Trotzdem nimmst du Anlauf, es zieht dich an, der Sprung
Weißt nicht wo du hingehst, aber du weißt, du wirst ankommen
Es wird sich was ändern, doch was du bis jetzt hattest, wird dir nicht genommen
Du verstehst nicht alles, doch reckst das Kinn
Denn du weißt, auch wenn es keinen Sinn ergibt, es hat seinen Sinn

Das Herz   28. 02. 2021

Es war früher anders zu leben
Man hatte seinen Kopf und die Welt
Man musste sich fest halten, um nicht abzuheben
Denn man wusste nie, ob man gewinnt oder fällt
Zwischen Wahrheit und Lüge zu unterscheiden
Versuchen, das Glück im Unglück zu finden
Unter Tränen zu lachen, die Schmerzen zu meiden
Den Mut aufzutreiben, sodass die Zweifel verschwinden
Die Zeit, die still hielt, aber verging
Ein Plan, der vielleicht niemals aufging
Das sind Erinnerungen, man darf sie nicht los lassen
Denn dann fangen die Dinge an zu verblassen

Ein Leben bei dem man enttäuscht sein muss, um zu hoffen
Die Zukunft ist verschlossen, doch die Vergangenheit steht
offen
Denn nichts passiert, um es zu vergessen
Erinnerungen sind da, um zu lernen, nicht um dich zu
stressen
Erinnerungen führen dich rein und raus aus der Fantasie
Sie helfen uns von einer besseren Version zu träumen
Selbst wenn sie vor lauter Gefühle überschäumen
Selbst wenn die Seele betäubt ist, das Herz vergisst nie

Warte auf den letzten Zug   01. 03. 2021

Liege im Bett , denke an mein Leben
Ich merke, ich muss etwas bewegen
Realisiere dann jede ungenutzte Chance
Merke, ich war mein Leben lang in Trance
Zähle eins und eins zusammen
Bis das Ergebnis einen Sinn macht
Habe das Gefühl, dass das Pech mich auslacht
Weil sogar Erinnerungen mich verdammen
Die Realität ist die schwerste Mathematik
Der Grund, warum man Wünsche zu den Sternen schickt
Dann alles tun, um sie zu erfüllen
Um den Sinn hinter all dem zu enthüllen
Dann kommt der Moment, wo ich verstehe
Ich hab´ jedes positive Ergebnis verpasst
Der Moment, indem ich erkenne, dass ich nirgendwo
hin gehe
Wenn ich merke, ich sollte los, sonst wird die Zukunft
eine Last
Also mach´ich mich los, bevor mich mein Leben vergisst
Ich glaube nicht, dass der Zug schon abgefahren ist
Also pack´ ich meinen Koffer und gehe schon los
Kann´ es nicht sein lassen, die Neugier ist zu groß
Muss auf eine Chance hoffen, und die fang´ ich ein
Denn wenn etwas richtig ist, dann muss es sein
Leider kann man im Leben nicht zurück
Also renn´ich, rufe den Sternen zu, sie sollen warten
Denn ich hab´ ihre Pläne jetzt verstanden
Wartet! Denn ich stehe schon am Bahnhof und warte
Auf den letzten Zug zu meinem Glück

Es tut mir leid   02. 03. 2021

Es ist schon Frühling, doch ich bin im Winter
Heute leben wir frei, doch ich setz mir Gitter
Das Leben rast an mir vorbei, ich seh´ es nicht mal an
Denn die Vergangenheit ist das einzige, was ich sehen kann
Verschließe meine Augen vor dem Licht
War schon immer blind genug, um das Gute zu erkennen
Meine Fehler kommen vor mir auf, versperren mir die Sicht
Ich zieh´ sie immer wieder an, kann mich nicht von ihnen trennen
Heute lasse ich mich im Regen fallen
Weil ich den Sonnenschein verflucht hab
Renne weiter, um gegen Reue zu knallen
Ein Haufen Schuldgefühle, das einzige, was mir mein Fehler gab
Wie sag ich der Zukunft, sie soll noch nicht kommen?
Denn die Vergangenheit ist noch nicht gegangen
Die Reue ist schon da, hat mir bereits meine Freude genommen
Sie bestraft mich, ich hab´s verdient, ihr Aufhören kann ich nicht verlangen
Sie bestraft mich, ertränkt mich mit ihren Wellen
Zwingt mich dazu, mich meinen Fehlern zu stellen
Und ich bettel um eine zweite Chance, geh´auf die Knie vor der Zeit
Ich bettel um eine zweite Chance, denn es tut mir leid

Lebe den Lauf   08. 04. 2021

Es ist wie ein Spiel
Man kann nichts zurückziehen
Alles oder nichts, wenig oder viel
Dafür sind dir zum Sieg alle Mittel verliehen
Den Verstand hast du, um den besten Weg zu bestimmen
Um dich nach einem Fehler zu besinnen
Augen, um Hindernisse zu erkennen
Beine, um weiter zu rennen
Einen Herzschlag, der das Tempo bestimmt
Ein Charakter, der gut oder schlecht gewinnt
Dieses Spiel nennt man Leben
Hier gibt es keinen Zufall, dem Schicksal muss man
nachgeben
Man muss erst starten, um das Ende zu erreichen
Hindernisse überwinden, ihnen nicht ausweichen
Und werden deine Schritte schwer
Weißt du, du kommst von weit her
Dennoch darfst du nicht anhalten
Denn du könntest an einem besseren Ort landen
Das Leben ist ein Marathon
Nur wer weiter läuft, wird auch ankommen
Also nimm alles aus gestern mit
Nimm es als Lehre, nicht als Limit
Mach, was du machen musst, gib nicht auf
Und was auch kommt, lebe den Lauf

Königin meiner selbst   08. 04. 2021

Alle Könige, kämpfen nicht für ihren Thron
Sie bekommen ihn geschenkt, aber er ist zerbrechlich
Als Königin weißt du, dass sich das Kämpfen lohnt
Denn am Ende macht dich dies doppelt so mächtig
Glauben, wir atmen nur sinnlos, doch sind ohne uns
verloren
Nimm, so viel du brauchst, gib, so viel du musst
Deine Stärke zu beweisen, hattest du dir geschworen
Vergiss es nicht, sei dir deiner Stärke immer bewusst
Nur mit Wasser bekämpfe ich Feuer
Lass deinen Stolz deine Stärke sein
Vergiss den König, dein Selbstbewusstsein ist treuer
Sie glauben es nur nicht, denn sie sind nicht Sein sondern
Schein

Lass sie alles versuchen, unterwirf dich trotzdem nicht
Lass sie an dir zweifeln, müssen deine Gedanken nicht
verstehen
Unterschätzen dich, denn jedes Schweigen hält ein
Gewicht
Aber sei ein richtig harter Gegenstand, wenn sie dich als
einen sehen

Wissen, was für eine Gefahr du bist, wirst deshalb
unterdrückt
Die beste Verteidigung ist der Angriff
Hinter jeder Königin steht ein Volk, wird von ihr beschützt
Überschreiten sie die Grenze, lässt du sie kentern wie ein
Schiff

Kannst die Welt nicht ändern, wenn du dich ihr nicht stellst
Bist du eine Frau, sehen sie dich als Schwäche
Doch wir wissen beide, das „Frau- Sein" ist deine Stärke
Also hab den Mut es der Welt zu zeigen, du bist die
Königin deiner selbst

Dornröschen, wach auf!   09. 04. 2021

So ein hübsches Gesicht und das goldene Haar
Alles hatte seinen Preis, du wurdest verflucht
Dein Märchen so süß, doch ist es auch wahr?
Bist die Tochter des Königs, ihr Hass, der auf dir ruht
Wer immer schweigt wird in diesem Test durchfallen
Besser als der eines anderen, ist es dein eigener Sklave zu
sein
Nur wer die Tür eintritt, kommt in den Raum rein
Der Schlüssel wurde versprochen, heißt nicht, du wirst ihn
erhalten
Wie kannst du dich so abhängig machen?
Es ertragen, im Spiel mit dem Leben verloren zu haben?
Mit dem Märchen haben sie dich angelogen
Ohne dich zu fragen, wurdest einfach hineingezogen
Wo waren deine Feen, als du sie gebraucht hast?
Wo war dein Prinz, bevor du im Schlaf warst?
Wir vergessen, Menschen sind schlauer als wir denken
Die Welt ist gefährlich für unschuldige Menschen
Wirst du eine Rose mit Dornen, ist es dein Recht
Wieso ist, wie andere Menschen zu handeln, schlecht?
Als du blind in den Schlaf fielst, wurden sie zu Rauch
Vertrauen hat nichts gebracht, also heißt es...

Dornröschen, wach auf!

Blatt im Wind   11. 04. 2021

Im Leben passiert eins nach dem anderen
Und alles passt perfekt
Wie der Mond und die Sonne, die uns aufweckt
Wir sehen diese Dinge klar, doch sie sind uns nie im klaren
Heute in Deutschland, morgen in England
Wir können das Schicksal nicht aufhalten
Wir können es nicht, denn es hat uns in der Hand
Der Weg wird uns vorbestimmt, können ihn nur gestalten
Treffen Entscheidungen, als wüssten wir, welche die
richtige ist
Denken, wir sind schlau genug,übersehen des Lebens List
Spielen mit allem, was uns in die Hände fällt
Glauben nicht dem Masterplan, den das Leben für uns
bereit hält
Denken, wir sind erwachsen, aber lachen und weinen noch
wie ein Kind
Wir laufen so selbstsicher, als wüssten wir, wo der Weg uns
hinführt
Meinen, wir können so stabil stehen wie ein Baum, der sich
nicht rührt
Glauben wir können vieles, doch können wir nicht, denn
wir sind nur ein Blatt im Wind

Für immer ein Kind   03. 05. 2021

Ich sehe wie die Erwachsenen leben
Nur noch in ihrem Alltag
So langweilig und träge
Als hätten sie nie Träume gehabt
Fragen sich was denn wäre
Wenn diese Generation noch in ihren Händen läge
Haben aufgehört, die Tage zu ihrem Geburtstag zu zählen
Als würde ihr Leben nicht weiter gehen
Als könnten sie nicht mehr die Jugend wählen
Als würden sie die Jugend nicht verstehen
Und ich steh hier, bin noch ein Kind
Voll von Hoffnung und Vision
Noch wie ein Blatt im Wind
Und habe noch eine Option
Ich weiß, Träume werden wahr
Ich weiß, etwas wird sich ändern
Ich wusste es, als ich die Welt das erste Mal sah
Und nichts wird meinen Glauben hindern
Und sind es auch nur Träume, die jeder vergisst
Von denen Erwachsene meinen sie seien wertlos
Es interessiert mich nicht, wie viel ihr über das Leben wisst
Denn ihr wurdet zwar erwachsen, doch ihr wurdet nie groß
Ich bin mir sicher, ich will für immer ein Kind sein
Nur um zu lachen, wie die Sonne zu scheinen
Werde immer das Herz eines Kindes haben
Um die Zeit zu haben, die Zeit einzufangen

ANISA MULOLLI

Sehe wie sie sind, merke so will ich nicht sein
Denn sie machen den gleichen Fehler, fallen dann
zugrunde
Ich will für immer jung sein, diese Worte eingemeißelt in
Stein
Weil bis heute nicht einer jung blieb, der Erwachsen wurde

Immer im Sonnenschein   21. 05. 2021

Wir zeigen uns der Welt im Sonnenschein
Als könnten wir für immer glücklich sein
Und wenn die Nacht kommt, sind wir ahnungslos
Der Sonnenuntergang verpasst uns einen harten Stoß
Wenn der Verräter verrät´ und der Betrüger betrügt
Du nicht unterscheiden kannst, wer weint und wer lügt
Dann kommst du im Stillen zu dir zurück
Merkst, du wirst vergiftet, Stück für Stück
Diese Welt wird beleuchtet, am Ende sind alle blind
Kennen alle anderen, doch wissen nicht, wer sie selber sind
Glauben uns macht das aus, was wir haben
Als würden gute Herzen zum Angeben nicht reichen
Die Welt dreht sich, aber in die falsche Richtung
Beklagen uns über diese Welt, sind selber die Vernichtung
Rennen dem hinterher was funkelt, bis sich das Herz nach
etwas Wertvollem sehnt
Für uns wird das Leben nur dann eng, wenn sich die Leere
dehnt
So fängt das Leben wieder von vorne an
Wieder zählen wir Sterne, bis Wolken den Himmel
verdecken
Jeder weiß wie leicht man diese Welt täuschen kann
Nur vor sich selbst kann man sich nicht verstecken

Liebe oder Geld?   26. 05. 2021

Die Frage lautet „ Liebe oder Geld?"
Eine Frage, die man überall stellt
Als wüssten die Menschen nicht was besser ist
Obwohl die Antwort entscheidet, was für ein Mensch du
bist
Mit Geld kannst du scheinbar die Welt kaufen
Und mit Geld kannst du durch jedes Land laufen
Aber Geld füllt den Magen, nicht das Herz
Geld stillt den Hunger, nicht den Schmerz
Wenn es draußen regnet und die Welt über dich einbricht
Ist es dann Geld, was dich ermutigt?
Du bist reich, fühlst dich arm, was ist dann am meisten
Wert?
Ist es dein Portemonnaie, was dich belehrt?
Man sagt, wir wären alle käuflich
Ich hab es schon verstanden, ich sehe es häufig
Zu dreckigen Ratten mutiert die Menschheit scheinbar
freiwillig
Doch kriegt man uns wirklich mit paar Scheinen rum, sind
wir alle billig!
Menschen kann man also kaufen und die Welt auch
Die Liebe aber nicht, dass macht sie so wertvoll
Zündet man Geld an, entsteht dicker, dichter Rauch
Und dennoch gilt es als Fehler zu sagen, dass alle die Liebe
wählen sollen

Lesen was ich schreibe   08. 09. 2021

Im Papier sehe ich mich selbst
Frage mich, ob du mich kennst
Hier haben wir ein Geheimnis, ich werde es halten
Nur zwischen dem Papier, dem Stift und mir
Mein Herz fängt an zu sprechen
Das Papier hört aufmerksam zu
Das Stichwort hört auf zu stechen
Brennt sich in mir ein wie ein Tattoo
Vielleicht ist es altmodisch, aber schön
Menschen glauben gerne was sie hören, haben es sich angewöhnt
Sie glauben Dinge, die sich Lügen nennen
Doch finden sie eines Tages meine Worte, werden sie die Wahrheit kennen
Kann es nicht aufhalten, es gehört zu mir
So vergesse ich mich nicht, behalte mich im Visier
Kann es nicht aufhalten, es ist mein Drang
Das Blut fließt durch meine Hand, damit ich schreiben kann
Ich mache es, weil es mir hilft
So sage ich was ich fühle, auf meine eigene Art und Weise
So lerne ich mich besser kennen, und wer mich kennen will
Der sollte einfach lesen was ich schreibe

Selbstliebe　　　　　　　　　13. 09. 2021

Ich stehe vor dem Spiegel, zwinker mir zu und gehe raus
Auf der Straße sehen mich alle komisch an
In der Schule reden sie:" Sie sieht..... aus."
Wunder mich wieso keiner seinen Mund halten kann
Früher hat sich jeder gewundert, wenn ich gesprochen hab
Heute lache ich laut auf, und jeder ist es gewohnt
Es ist mir egal, wer in dieser Welt mich nicht mag
Ich liebe mich selbst, weil diese Liebe sich lohnt
Huch! Ich bin verliebt in mich selbst (Naja wundert mich nicht)
Sorry Jungs, gegen mich habt ihr keine Chance (ich bin viel zu gut)
Die Küsschen, die ich schicke, gehen zum Spiegel, es werden neue zu mir geschickt
Lebe mein Leben, nie hätte ich gedacht, dass Selbstliebe so gut tut
Meinen Herzschlag widme ich nur mir selbst
Egal was für Fehler du mir unterstellst
Ab heute lass ich mich nicht mehr los, schätze, ich bin zu selbstverliebt
Was kann ich dafür, wenn mir mein Spiegelbild jeden Grund dazu gibt?

Würde ich mich verstecken, würde ich mich vermissen
Weiß wie wichtig ich mir bin, und werde es immer wissen
Wen interessiert, ob der Blick eines Menschen beißt?
Aber danke Leute, für die Blicke!
Danke für die Aufmerksamkeit!

Ich vertraue mir, werde mich nicht enttäuschen
Die Art wie ich mich liebe, kann mir da nichts vortäuschen!
Diese Liebe ist so groß, sie lässt sich nicht verstecken
Diese Liebe ist so gut und ich hoffe jeder wird sie mal
entdecken

Halt mich nicht auf   31. 10. 2021

Prost, auf die, die ihre Augen verschließen können
Sich selbst, während größter Ungerechtigkeit, Urlaub
gönnen
Sie sagen, es bringt nichts, die Welt ist unveränderlich
Will ihnen aber nicht glauben, diese Denkweise ist zu
widerlich
Sagen, ich kann keine Veränderung bringen
Doch ich bin nur ein Kind voll von unschuldiger Hoffnung
Ich versuche doch nur eine positive Veränderung
Schließt du dich mir an, kann es uns gelingen
Manchmal überlege ich ob ich aufgeben sollte
Doch dann fällt mir ein, wieso ich es versuchen wollte
Jeder, der aufgegeben hat, ist nie weiter gekommen
So erbärmlich will ich nicht sein, haben sich selbst die
Hoffnung genommen
Wer in der Mitte aufhört, sieht nie das Ende
Glauben, sie können beweisen, dass ich meine Zeit
verschwende
Doch eines Tages beweise ich, aufrechte Versuche lohnen
sich
Dein eigener Fleiß und Hoffnung wenden sich niemals
gegen dich
Vielleicht werde ich es auf die harte Tour lernen müssen
Dann lass es mich so lernen, will mich nicht umstimmen
lassen
Sogar an den dunkelsten Tagen werde ich meine Hoffnung
schützen
Werde weiter versuchen, also werde ich wachsen
Also halt mich nicht auf, wenn du es nicht mit mir versucht
hast

Halt mich nicht auf, nur weil du es nicht schaffst
Halt mich nicht auf, nur weil du alles hinnimmst was du
siehst
Halt mich nicht auf, weil du nicht weißt was geschieht
Es ist leichter, an den Lichtern zu erblinden als der
Dunkelheit zu vertrauen
Also halt mich nicht auf, versuche etwas gutes für jeden
aufzubauen
Halt mich nicht auf, denn diese Aufgabe wirst du stark
verhauen

Die schöne Puppe 23. 11. 2021

Sie sitzt auf deinem Regal, beobachtet alle deine Schritte still

Menschen nehmen sie in die Hand, keiner fragt sie was sie will

Eine geborene Schönheit, jeder kennt ihr Gesicht

Rechnet nicht mit ihrer Schlauheit und dessen Gewicht

Jeder mag es mit ihr zu spielen, weiß nicht was sie so besonders macht

„ Dirty Game" nicht ihr Game, nennen wir es „ gut überdacht"

Sie ist die beste darin, dass weiß sie auch selbst

Sie spielt sich nicht runter, ihre Natur hängt an ihrer Präsenz

Ihr Besitzer glaubt, er kann ihr Fäden anspinnen

Sie trainieren, zu seiner Musik tanzen lassen

Was er nicht weiß, das Bühnenbild wird runterkrachen, sie wird die Fäden aufreißen

Am Ende wird sie ihr eigenes Spiel gewinnen

Ihre Augen funkeln, ihr Verstand blinkt

Sie geht, sobald nichts sie zurückhalten kann

Nichts, was die Sehnsucht nach Freiheit stillt

Es gibt kein zurück, ist ihr Plan einmal aufgegangen

Die schöne Puppe, viele Pläne werden über sie gehegt

Doch sie hat ihre eigenen, für uns gehen sie viel zu weit

Was sie damit sagen will: „Ich bin kein Spielzeug, was unter eurer Kontrolle steht!"

So wurde sie geboren, schon immer eine wilde Schönheit

Lebendig 24. 11. 2021

Ich atme tief durch, sitze auf den Boden
Es ist mir egal, die Sonne scheint
Reale Happy Ends kommen anders, sind aber nicht gelogen
Ein echtes Lachen lacht nur wer echte Tränen weint
Jeder hat eine Geschichte hinter sich
Ich sehe zurück, fühle ein kleines Licht
Egal wie kalt das Leben ist, unsere Herzen sollte es nicht kühlen
Denn egal was es ist, es ist ein Segen, dass wir fühlen
Oft fühlen wir uns als Marionetten des Lebens
Aber nur damit wir lernen, dass das Leben uns gehört
Sei dir sicher, deine Atemzüge sind nie vergebens
Es wird immer etwas folgen, nachdem ein Hinderniss dich stört
Wenn man überlegt wie viele Atemzüge man macht
An wie vielen Tagen man aufwacht
Wie viel man erlebt hat, wie viel man noch erleben kann
Zieht dich das Leben schon in seinen eigenen Bann
Das Blut was in unseren Adern fließt
Wenn das Leben uns durch die Knochen schießt
Schlechte Zeiten sollte man genießen, auch wenn man es besser kennt
Schlechte Zeiten sollte man genießen, weil sich dies „Leben" nennt

Unaufhaltsam   15. 12. 2021

Wie stark ich bin, wollte ich der Welt zeigen
Doch nur mit dem verlogenen Lächeln,war ich nicht bereit
zu leiden
Wusste ihre Worte werden schwächen
War auf der Suche nach Abwehr
Denn ohne Kraft bleibt das Lächeln leer
Menschen wollen nur sehen wie besiegt ich bin
Mich ihnen zu unterwerfen habe ich nicht im Sinn
Hinter meinen Rücken sprachen sie Worte
Doch ich bin nicht aufzuhalten, denn ich komme aus der
unteren Sorte
Ab heute bin ich unaufhaltsam
Ich wurde nicht umsonst verletzt
Suche nicht mehr nach Orten wo man sich verstecken kann
Denn ich habe gelernt wie man Schmerz bekämpft
Selbst wenn ich mich hinter Wänden verstecken würde
Durch Fliehen überwindet man keine Hürde
Die Welt bewertet nicht wie viel du leidest
Sondern wie du aufstehst, ihre Grenzen überschreitest
Wollte der Welt beweisen wie stark ich bin, doch hab ich es
mir selbst bewiesen
Habe verstanden, ich hab alles was ich brauche, muss es
von niemanden kriegen
Und wenn es dunkel wird, spüre ich das Feuer in meinen
Augen
Einen bestimmten Stolz, den kann mir keiner rauben
Ich habe angefangen meinen Weg zu erkennen
Und von diesem Weg werde ich mich nie mehr trennen

Wächterin der Natur   28. 12. 2021

Sie ist das Rauschen zwischen den Ästen
Eine Macht, zieht dich vom Süden bis zum Westen
Immer wenn sie vorbei läuft, Gänsehaut
Sie ist das Zwitschern der Vögel, ertönt so laut
Menschen, die sie mögen, genießen ihre Stille
Ist unsichtbar für Menschen, die sie nicht mal ansehen
Versorgt uns mit allem, was wir brauchen, aus eigenem
Wille
Beobachtet nur, wie wir damit umgehen
Und die Menschen sind so egoistisch
Glauben, man kann sie mit Netzen fangen wie einen Fisch
Doch immer wenn die Menschheit ihre Grenzen
überschreitet
Sprengt sie jede Grenze, macht klar, dass sie den Zoll leitet
Sie ist das Geheimnis jedes Waldes was dich anlockt
Strahlt Wärme aus, doch ihr Herz hat keine Temperatur
Sie erwartet nichts, wer ihre Stärke miterlebt, ist geschockt
Sie ist gut trainiert, denn sie ist die Tochter von Mutter
Natur
Wir zünden ihre Wälder an, sie verbreitet das Feuer
Macht uns mit eigener Waffe fertig, für Fehler bezahlen wir
teuer
Also ignoriere nicht ihr Wispern, wenn du es hörst
Denn sie ruft nur dann wenn du sie störst
Sie sagt nur:" Ihr kleinen Menschen, ich hab die Macht."
„ Wenn ich will, schwimmt ihr gleich mit meinen
Fischen."
„Oder ich trockne euch aus, und ihr kriecht wie
Schlangen:"

Wer will ihr vorwerfen, dass sie nicht über ihr Vermögen wacht?
Sie kennt Menschen gut genug, ihr kann man keine Lüge auftischen
Sie weiß selbst, die Menschheit sollte ihr danken
„Respektiert mich, und wir haben eine Win-win- Situation
Leugnet nicht was ihr wisst, bin stärker als ihr alle, keine Spekulation."
 Hören Menschen nicht, wird sie auf sie mit Blitzen zielen
Mutter Natur erzog sie gut, doch sie mag es mit ihrem Spielzeug zu spielen
Sie ist die Wächterin der Natur, ein Wimpernzucken und die Erde bebt
Die Wächterin der Natur, wenn sie will, hören wir, dass ein Tornado lebt
Die Wächterin der Natur hat für ihre Rache keine Grenzen
Denn ohne die Menschheit würde die Welt vor Natur glänzen

Die Schlange   05. 01. 2022

Kriecht still herum, beobachtet das Terrain
Legt sich mit niemanden an, wenn sich keiner mit ihr anlegt
Achtet nur auf sich selbst, niemand der sie bewegt
Lässt ihre Haut überall fallen, zeigt sie war da
Was sie braucht, besorgt sie sich selbst
Ihr Mut größer als sie selbst, keine Angst vor den Großen
Wird sie gefährlich, weißt du, dass du sie kennst
Wird nie lügen, um gut anzukommen, wird sie auch verstoßen
Kommt sie dir entgegen kannst du nicht mehr fliehen
Ihr Schwanz klappert, kündigt Gefahr an
Ihr Blick so leblos, wird keine Miene ziehen
So fähig dass sie es selbst mit dem Tod aufnehmen kann
Die Schlange, ein fairer Verräter
Zieht dich in ihr Spiel, lässt dich nicht mehr raus
Greift dich nur dann an wenn du bereit bist, ein würdiger Gegner
Man kennt ihren Charakter, nicht ihren Plan im Voraus
So beweglich wie Wasser, so gefährlich wie Feuer
Ein geborener Einzelgänger, ignoriert Nettigkeiten auf die sie trifft
Täuschende, süße Schmeicheleien sind ihr nicht geheuer
Die Schlange so edel, beschützt ihre Würde mit ihrem Gift

Sie sagen ich werde erwachsen   22. 01. 2022

Ich war noch klein, als sie sagten ich kann es schaffen
Ich wurde älter, sie sagten, ich solle hart arbeiten
Lebte friedlich, plötzlich stand ich im Kampf mit dem Leben, sollte gewinnen können
Dabei wurde ich nie vorbereitet, wusste nur das Leben würde mir keine Ruhe gönnen
Ich war nur ein Kind, plötzlich musste ich erwachsen werden
Sie sagten mir, jede Niederlage würde mich stärken
Sie sagen, ich soll mich nicht fürchten, ich bin stark genug
Aber ich laufe nur blind vorwärts, wie stark bin ich ohne Verteidigung?
Sie sagen, ich kann eine endlose Power- Maschine sein
Aber wie werde ich groß? Im Moment bin ich noch so klein
Will ich überhaupt eine endlose Power- Maschine werden?
Selbst wenn, sagten sie nicht alles würde irgendwann enden?
Sie sagen mir, ich werde lange mit dem Winter auskommen müssen
Doch ich habe Angst, den Frühling zu vermissen
Sie sagen, Narben machen Stärke, also solle ich nicht klagen
Aber bin ich auch bereit sie zu tragen?
Sie sagen, ich brauche nur mich selbst, und niemand anderen
Aber will ich wirklich so vereinsamen?
Sie sagen mir, es wird sich lohnen, versprechen mir das Paradies
Doch woher weiß ich, dass die Person, die schon dort ist, es auch genießt?

Dank ihren Worten werde ich die Spitze anstreben
Aber können sie mir auch Gründe dafür geben?
Ich frage mich, wieso konnte es ihnen selbst nie gelingen?
Können sie mir erklären, was wird mir dieser Weg bringen?
Sie sagen, ich solle ihnen meine Stärke beweisen
Sonst würde mich das Leben zurechtweisen
Sie sagen, ich solle die Ziele, die ich nicht mal hab, nie los
lassen
Sie sagen, ich solle mich vorbereiten, denn langsam werde
ich erwachsen

Heiler Psychopath   20. 02. 2022

Nichts ist wie es aussieht, diese Welt verwirrt mich
Wechseln von schwarz zu weiß, können den Film nicht
grau spielen lassen
Sind zwar da, lassen dich aber im Stich
Tun auf unschuldig, wollen dir beibringen sie zu hassen
Wir wissen, sie haben keine Kontrolle, doch sie sagen sie
haben Macht
Sie sagen, „Geld ist nicht wichtig" aber lassen sich davon
regieren
Das „ gerechte System" vertuscht die größte
Ungerechtigkeit
Und der ekelhafteste Mensch gibt vor, er hätte ein Gesicht
zu verlieren
Sie machen mich zu einer Marionette, hauchen mir Leben
ein
Geben mir Hoffnung, erklären mir dann, es sei
hoffnungslos
Sie waren der Untergang selbst, geben vor die Rettung zu
sein
Sie sagen „ Kämpfe für deine Träume, aber träum nicht zu
groß."
Je länger ich hinhöre, umso besser höre ich die Schreie der
Hilflosen- die Klagen
Wir sind doch nur Menschen, die Schatten in sich tragen
Essen einander auf, gewollt und ungewollt
Wir sind nur Skulpturen, dessen Bedeutung den Berg runter
rollt
Hallo Probleme, herzlich willkommen!
Wie soll ich euch lösen?, jede mögliche Lösung wird mir
genommen

Jemand möge mir helfen! Ich sehe die Wahrheit einer Lüge
Sagen, man ist genug, doch wenn ich fehlschlage weiß ich,
dass ich nicht genüge
Sie machen aus mir einen Trottel, der nicht weiß, wo er hin
soll
Wollen mich zu einen von ihnen machen, hegen unnötig
Groll
Also bleibe ich lieber hier, wo ich bin
Denn für mich ergibt jeder Weg in dieser Welt keinen Sinn
Diese Welt ist voll von Psychos, sie stecken mich an
Ich sehe es kommen, diese Welt ist ihr eigener Untergang
Also ist es ok, wenn ich alles los lasse, es wird eh vergessen
Ich weiß, lauf ich mit dem Strom, wird es mich nur stressen
Hallo Probleme, ich denk nicht dran euch zu lösen, also
könnt ihr gerne verweilen
Ok, ich werde sie enttäuschen, nächstes Mal sollten sie
meinen, was sie sagen
Auf einer Beerdigung lachen, und sagen „Ihr gabt mir den
Dachschaden."
Für die Welt bist du vielleicht ein Psychopath, aber
wenigstens hast du dich selber geheilt

Hilfeschrei   20. 03. 2022

Müde Seelen in der Stille
Warten auf ein Zeichen, bei bestem Wille
Warten darauf, dass es weiter geht
Nur ihr Schritt, der im Stillstand steht
Können es uns nicht erlauben zu verlieren
Wissen, alles was wir haben, wird dann weg sein
Glauben nur an Taten, weil sie uns beschmieren
Die Tränen hören nicht auf, dann werden wir klein

Frage mich, wer hat unser nettes, unschuldiges Wesen so
gebrochen?
Schuld sind die, die uns die Hoffnung rauben
Heile Haut doch gebrochene Knochen
Nichts was man sehen kann, also wer wird uns glauben?
Der Wille für besseres, schweigt so laut
Das Kartenhaus schon aufgebaut
Still und einsam drin, sodass niemand es zerbricht
Doch die Seele bleibt dort, wo das Zuhause ist
Sie sagen von 100 sind 99% böse. Wo bleibt das gute 1%?
Es ist nicht verschwunden, wurde nur vergessen
Denn Hoffnung und Realität können sich nicht messen
Zu viel Druck und Einsamkeit haben uns in die Dunkelheit
gelenkt

Wer bringt die gefallenen Tränen zurück?
Wer verwandelt unser Pech in Glück?
Wird die Farbe des vergossenen Blutes zurückkommen?
Wer hilft uns, uns in der Dunkelheit zu sonnen?
Ist es schon zu spät alles zurück zu nehmen?
Ist es zu spät um den guten Weg zu wählen?

Ich suche nur jemanden, der diese Worte versteht
Jemanden, der sich nicht an die Ungerechtigkeit lehnt
Jemanden, der uns versteht, diese sinnlosen Kriege aufhält
Jemanden, der uns beschützt, wenn das Kartenhaus
zusammenfällt
Wir haben die gleiche, friedvolle Welt, in der wir leben
wollen
Können sie aber nicht beschützen wie wir es sollten
Sie werden noch lange über die armen, naiven scherzen
Doch eines Tages, sitzen wir alle auf dem Boden, mit
gebrochenen Herzen
Wir werden merken wie sehr uns die Gier der Menschen
im Leben stört
Und dann werden wir uns nach jemanden sehnen, der
unseren Hilfeschrei hört

Problem oder Lösung?   19. 05. 2022

Sie sagen, ich hab eine große Klappe
Weil meine Worte ihnen nicht in den Plan passen
Sie mögen nicht wie ich mich gegen sie wappne
Zugegeben, wäre ich sie, würde ich mich auch hassen
Ich liebe ungesundes Essen
Was sie über meinen Körper sagen, ist egal
Veröffentliche meine Fehler, um ihre Reaktion zu testen
Denn für mich ist perfekt sein zu wollen, illegal
Meine Probleme sind meine, also haltet euch da raus
Ich bin jemand, der das Chaos so sehr liebt
Jemand, der gerne mit dem Leben spielt
Das Extreme kannst du nur, wenn du dir selber vertraust
Ich mache gerne Fehler, bereue sie nie
Breche lieber Herzen als Knochen
Selbst wenn ich höre wie ihr Blut anfängt zu kochen
Höre ich nicht auf, nicht nur, weil ich nicht weiß wie
Sie wollen mir durch ihre Macht Angst machen
Ich kann nicht anders als zu lachen
Ich finde es lustig, wie ihre Macht dann zusammenbricht
Als wäre sie abhängig von dem Lächeln in meinen Gesicht
Ich handel gerneunüberdacht, weil es so mehr Spaß macht
Fange einen Streit an, weil ich gute Absichten habe
Werden sie gebrochen, verlieren Regeln ihre Bedeeutung
Also breche ich sie, übernehme selbstbewusst die
Verantwortung
Weil ich ihr klischeehaftes, perfektes Denken nicht leiden
kann

Bin ich lieber eine freche, kleine Göre und ungehorsam
Sie fragen mich „ Bist du ein Problem oder eine Lösung?"
Das beste ist, ich weiß es nicht mal selbst
Ich bin nur was mir am besten gefällt
Es ist nicht meine Schuld, wenn meine Schritte ihnen im
Weg stehn

Ein Verlierer   20. 05. 2022

Wie immer versuche ich zu fliehen
Vor den Menschen, ihren Lügen und dieser Last
Sie sagen „Wir glauben, dass du es schaffst"
Dabei ist es egal wie oft ich stehe, am Ende lande ich auf
meinen Knien
Sagen, alles wäre egal, es ginge nur um mein Glück
In Wahrheit ging es um das, was sie glücklig macht
Als ich es nicht schaffte, meinten sie, sie nehmen diese
Worte zurück
Ließen mich zurück nach einer großen Schlacht
Sollte ich jetzt noch alles geben, was ich kann
Doch ich gab schon alles weg, also was bleibt mir noch?
Wie ein Trottel fängt mein Gesicht zu lachen an
Und die Tränen, die nur meine Seele weint, landen in
einem Loch
Was hält mich noch hier? Wieso sollte ich bleiben?
Ich bin eine Enttäuschung, sie sehen keinen Grund mich zu
behalten
Kann ich, „Aufwiedersehen" sagen und sie zurücklassen?
Wieso muss es mich interessieren, wenn sie mich hassen?
Ich mag lieber die arme Ruhe, als die reichen Paraden
Aber dieser Wille würde meiner Zukunft schaden
„Die Träume gehören zur Kindheit, wer erwachsen ist,
sieht der Realität ins Auge"
Also lebe ich real, aber sehe ihre Träume, sobald ich in ihre
Augen schaue
„Versuche es nicht mal, wenn du weißt, du wirst nicht
gewinnen."
Ich weiß, die Welt will keinen besiegten Helden

Ist es in Ordnung, wenn ich einfach aufgebe, hinfalle und nicht mehr aufstehe?

Weit weg renne und so wie ich es will lebe?

Wieso muss ich etwas tun, wenn ich mich nicht danach fühle?

Es ist besser zu mir selbst real zu sein, als wenn ich sie anlüge

Wer hat gesagt, sie sind glücklich, diese Sieger?

Es ist egal, denn ich bin glücklicher als Verlierer

Ich werde nicht Vergessen 21. 05. 2022

Natürlich bin ich stark, klar mache ich weiter
Auch wenn es schwer ist, fahr ich fort, bin heiter
Wie könnte ich sie vergessen? Jede Lüge, die auf dir lag
Wie könnte ich es vergessen? Das Versprechen,
was ich dir gab
Ich sehe mich im Spiegel an, und sehe wieder dich
Natürlich habe ich dich nicht zurückgelassen
Ich hatte nie einen Grund dich zu hassen
Und ich hoffe, so denkst du auch über mich
Ich kenne noch deine Geschichte
Entstand nur, denn sie machten dich zunichte
Bist Teil von mir und meiner Vergangenheit
Du sahst zu mir auf, ich entstand durch dein Leid
Man sagt, es gibt kein stilles Erdbeben
Und auch keine sicheren Wetten
Also werde ich, so gut es geht, leben
Denn ich wuchs nur, um dich zu retten
Vergrub dich tief in meinem Herzen
Versprach dir, du wirst nicht mehr zerbrechen
Und kein Kratzer wird mich verletzten
Denn ich werde mein Versprechen nicht vergessen

Stille vor dem Blitz   22. 05. 2022

Dachten, sie hätten mich schockiert
Doch ich habe es schon erwartet
Warte nur darauf, dass euer Spiel startet
Bin es gewohnt, sodass es mich nicht rritiert
Bringen mir das Leben, vor dem ich floh, zurück
Also nehme ich an, mich zu stellen, ist mein Glück
Bin das Paradoxon in ihrer Gewohntheit
Für ihr System ein Krimineller
Der Humor zu ihrer Grausamkeit
Verändere ihr Slow-mo, mach es schneller
Wenn ihr noch etwas vorhabt, bitte fahrt vor
Will den Grund für eure Taten nicht wissen
Ich werde schweigen, ihr wartet auf ein Wort
Denke an die alten Zeiten ohne sie zu vermissen
Habe das Gerüst eines Kämpfers
Kenne auch schon die Spitze eures Messers
Doch ich kenne kein Stopp auf meinem Weg
Also erwartet keine Entschuldigung, für ein gebrochenes
Privileg
Hab den Schlüssel gefunden
Werde mich selbst befreien
Habe schon so viel alleine überwunden
Sie müssen mir keine Gutmütigkeit leihen
Ein bisschen Freiheit, das will mein Herz
In Zusammenarbeit mit meiner Seele
Ich fürche nicht den Schmerz
Weil ich gern den schweren Weg wähle
Auf dem Land bin ich eure Barriere
Im Meer stelle ich sicher, dass ich die Wellen bewege
In euren Träumen jagend, werde ich eure Meinung ändern

Bringe sicher euer Schiff zum Kentern
Mein Verstand lebt, mitten in der Nacht
Nehmt alles was ich habe, gebt es nie mehr her
Spüre, wie der Schmerz mich lebendig macht
Ist dies ein endloser Kampf, kämpfe ich mehr
Ich weiß, euch tut nichts leid
Wisst nicht, mit was ihr euch anlegt
Doch wenn ihr der Blitz seid

Bin ich die Stille, bevor der Blitz einschlägt

Mein eigener Weg   22. 05. 2022

Ich, so still und schweigend
Also werden sie nur reden
Ihre Worte langweilig, nicht bewegend
Denken, ich höre zu, so zuneigend
Sie sagen, es sind nur Vorschläge
Doch wollen, dass ich sie annehme
Machen mich zur Prinzessin, obwohl ich ablehne
Lassen mich ohne Träume, ohne Wege
Gewohnt wie ein Schaf der Herde zu folgen
Wie soll ich da die anderen Wege kennen?
Nicht mein Besteck sondern mein Leben ist golden
Würde ich jetzt nur aus dem Schloss rennen
Immer still zu sitzen, langweilige Geschichte
Genauso wie nur Gutes ohne Bösewichte
Kein Lachen ohne zu weinen
Kein Sonnenstrahl ohne zu schneien
Zeit ist nicht, um sie zu verschwenden
Die Welt nicht, um sie nicht zu entdecken
Es gibt keine Sterne, die sich der Sonne zuwenden
Keine Helden, die sich verstecken
Also lasst zu, dass ich mich verlaufe
Selbst wenn ich den falschen Weg gehe
Wartet, bis ich mich zusammenraufe
Wartet, bis ich den richtigen Weg sehe
Ich will vieles auch alleine machen können
Also müsst ihr mir das „Alleine" gönnen
Es geht alles auf mein Konto, selbst wenn ich leide
Kein Sinn hinter MEINEM Leben, wenn ich nicht selber
entscheide

Wir alle wissen   17. 06. 2022

Wenn die Feier vorbei ist, redet keiner
Das Schweigen wird größer,das Lächeln kleiner
Nun wissen wir, die Lüge war dreckrig, die Wahrheit ist
schlimmer
Aber tun so als hätten wir keinen blassen Schimmer
Wird das Verbrechen aufgedeckt, sind alle froh
Doch gibt es eine Spur, die sie übersehen
Die Wörter so nett, die Bedeutung so roh
Setzen Grenzen, auch wenn wir immer zu weit gehen
Die Selfies mit dem perfekten Licht
Zeigen nicht die Dunkelheit der Nacht
Sie zeigen immer ein Lächeln, es enttäuscht nicht
Aber bin ich die einzige, die dass traurig macht?
Promis werden von den Papparazi geblendet
Doch geht die Kamera aus, stehen sie in der Dunkelheit
Warten auf ein Zeichen, dass ihnen jemand sendet
Schauspielern nur, verstecken ihre Wahrheit
Soldaten kämpfen tapfer weiter, ihr Gesang so hell
Doch wurden sie je gefragt, wie schwer es war alles
aufzugeben?
Künstler erschaffen Meisterwerke, diese Farben so grell
Doch bin ich die einzige, die findet, dass sie etwas Dunkles
ergeben?
Und Teenager knallen ihre Türen zu, wird die Welt zu viel
Wissen, die Gesellschaft erlaubt keine Schwäche
Lügen, tun so als hätten sie ein festes Ziel
Sonst glaubt niemand an ihre Rechte
In der Nacht leben wir wie wir es wollen
Bricht der Morgen an, schlüpfen wir in unsere Rollen
Die Tränen, die uns zerreißen, trocknen auf der Haut

ANISA MULOLLI

Sickern durch das Blut, werden sicher im Inneren verstaut
Fühlen aus ganzem Herzen, tun was herzerwärmend ist
Doch hoffen, dass nie jemand in unsere Herzen blickt
Ist doch egal wie sehr wir zerstört werden
Wichtig ist, dass die anderen es nie merken
Zu glauben das Ekelhafte ist besser, wird uns angeboren
Weil wir nichts besseres kennen, können wir es nicht
vermissen
Jetzt bestraft mich, worüber ich rede, ist doch verboten
Doch Tatsache ist, niemand redet über diese Wahrheit,
weil alle sie wissen

Die Sirene ertönt   19. 06. 2022

Sie sagen, ich habe die Regeln gebrochen
Doch das weiß ich schon seit Wochen
Ich tat es, weil ich schlau bin, nicht dumm
Ich weiß, die Angst vor Menschen wie mir bringt sie um
Schritt für Schritt tappen sie in meine Falle
Sagen, ich bringe mich selbst in eine gefährliche Lage
Schlaue Köpfe, die nicht selber denken, sind verschwendet
Ich will nur testen, wo ihre Blindheit endet
Heute Nacht umrunden meine Fehler mich
Groß zu klein, meine Seele wird erwachsen
Egal wie sehr ich sie ansehe, ich erkenne nur ein Licht
Mich zu verändern könnt ihr also sein lassen
Heute Nacht setze ich die Stadt in Flammen
Werde so verrückt aussehen, soll mir zugucken wer will
Falls es jemand wissen will, ich habe meine Sinne noch
beisammen
Tue es nur zum Spaß, weil mir zu kalt ist
Mit geschlossenen Augen durch das Feuer, was sonst
bleibt?
Solange es nicht wehtut, habe ich ja leicht reden
Mir ist schon klar, ihr seid zu gleich, um etwas zu bewegen
Ist nicht meine Schuld, wenn ihr solche Angsthasen seid
Auf ihrem Schachfeld, haben sie mich Schach- Matt
erwischt
Ein kleiner Schritt und ich wurd rausgekickt
Verurteilt mich weiter, ihr tut es schon auf den ersten Blick
Lasse mein Feuer nicht mit euch allein, weil ihr es sonst
löscht
Wer hat gesagt,Regeln haben immer einen Sinn?

Für mich ist es gleich, selbst wenn ihr meint, dass ich
gefährlich bin
Wird die Gerechtigkeit ungerecht, bleibt nichts zu nehmen
oder zu geben
Das einzige was bleibt, aber was sie nie tun, ist leben
Ich liebe es, weil es mich nicht interessieren muss
Der Instinkt für das Richtige, wie ein Schuss
Werde so leben, bis die Gefahr in meine Knochen dröhnt
Ich höre es besser als sie glauben, die Sirene ertönt

Ein Krimineller   22. 06. 2022

Wen haben wir denn da? Unseren kleinen Verbrecher
Ist doch nicht meine Schuld, wurdest du erwischt
Das hast du davon, lässt du zu, dass sich jemand einmischt
Hättest wissen sollen, wenn du mich stärkst, machst du
dich selbst schwächer
Ist nicht meine Schuld, wenn du ein Verbrechen begingst
Ist nicht meine Schuld, wenn du mir naiv vertraut hast
Vielleich waren wir Komplizen, doch das Verbechen ist
jetzt vorbei
Hast du jetzt Schwierigkeiten, tu nicht so, als wenn es
meine Schuld sei
Du hättest auf sie hören sollen, denn sie wissen es
Ausnutzen, Angreifen, im Stich lassen, so läuft das heutige
Business
Du hast gewusst, dich umgibt Dreck, also bekommst du
auch Dreck
Mir macht es nichts aus, die zu sein, in der kein Stück
Würde steckt
Ich verspreche Zusammenarbeit, aber keine Loyalität
Kannst du dies nicht unterscheiden, bist du derjenige, der
die Schuld trägt
Vielleicht eine gebrochene Moral, aber kein gebrochenes
Versprechen
Tipp Nummer 1: Nur wer dreckig ist, schafft ein perfektes
Verbrechen

Autorin:
Anisa MULOLLI

Titel:
„DORNRÖSCHEN, WACH AUF!"

Lektor & Redakteur:
Frank HEGEMANN

Umschlag:
Rrezart LUBONJA

Verlag Haus:
„BoD" Hamburg

Druck & Bindung:
„BoD" Hamburg

Limitierte Auflage

Alle Rechte vorbehalten